El sistema solar

Kenneth Walsh

Asesor

Timothy Rasinski, Ph.D.
Kent State University

Créditos

Dona Herweck Rice, *Gerente de redacción*
Robin Erickson, *Directora de diseño y producción*
Lee Aucoin, *Directora creativa*
Conni Medina, M.A.Ed., *Directora editorial*
Ericka Paz, *Editora asistente*
Stephanie Reid, *Editora de fotos*
Rachelle Cracchiolo, M.S.Ed., *Editora comercial*

Créditos de las imágenes

Cover adventtr/iStockphoto; p.4 avian/Shutterstock; p.5 Hogie/Shutterstock; p.6-7 xJJx/Shutterstock; p.8 NASA/European Space Agency; p.9 Max Dannenbaum/GettyImages; p.10 NASA/JPL; p.11 middle: Xirurg/iStockphoto; p.11 bottom: Clara/Shutterstock; p.12 Plutonius 3d/Shutterstock; p.13 NASA/JPL; p.14 NASA; p.15 top: NASA/JPL/Malin Space Science Systems; p.15 left: NASA/JPL; p.16 NASA/JPL; p. 15 right: Malin Space Science Systems; p.17 NASA/Jet Propulsion Laboratory; p.18 NASA/Erich Karkoschka, University of Arizona; p.19 top: JCElv/Shutterstock; p.19 bottom: NASA/Space Telescope Science Institute; p.21 MichaelTaylor/Shutterstock; p.23 right: LKPalmer-Illustration; p.23 left: NASA; p.24 NASA/JPL-Caltech; p.25 Leagam/Shutterstock; p.26 STEVECOLEccs/Shutterstock; p.27 top: Binkski/Shutterstock; p.27 bottom: Witold Kaszkin/Shutterstock; p.28 NASA/JPL; back cover NASA/JPL; background untung/Shutterstock

Basado en los escritos de *TIME For Kids*.

TIME For Kids y el logotipo de *TIME For Kids* son marcas registradas de TIME Inc.
Usado bajo licencia.

Teacher Created Materials

5301 Oceanus Drive
Huntington Beach, CA 92649-1030
http://www.tcmpub.com

ISBN 978-1-4333-4454-1

© 2012 Teacher Created Materials, Inc.

Tabla de contenido

En movimiento alrededor del sol

Imagina que estás de pie sobre el suelo. El suelo está en la Tierra y la Tierra se mueve por el espacio alrededor del **Sol**.

El Sol es el centro de nuestro **sistema solar**. Tú y todo lo que hay en la Tierra giran en **órbita** alrededor del Sol.

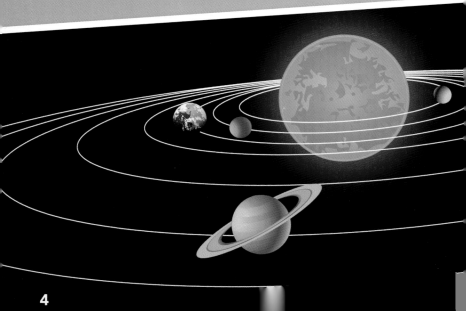

Orbitar el Sol

Una órbita es el camino que sigue un planeta al moverse alrededor del Sol. Cada planeta tiene una órbita diferente y cada órbita tarda distinto tiempo en completarse. Consulta la página 22 para aprender más sobre las órbitas.

Un sol

El Sol es el centro de nuestro sistema solar. *Solar* significa "referente al sol."

El Sol es muy grande. Es muy difícil imaginar su tamaño. ¿Puedes visualizar el tamaño de la Tierra? Aunque la Tierra es muy grande, ¡el Sol es un millón de veces mayor!

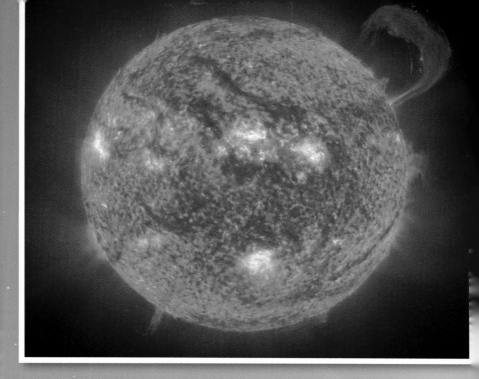

Desde la Tierra, el Sol parece una gran pelota amarilla. Pero no es como una pelota. Está formado de gases y metales. Es muy caliente. Nadie puede vivir en el Sol. Pero a nosotros nos conviene que el Sol sea tan caliente. El calor del Sol permite que la Tierra sea lo suficientemente cálida para que en ella vivan los seres humanos.

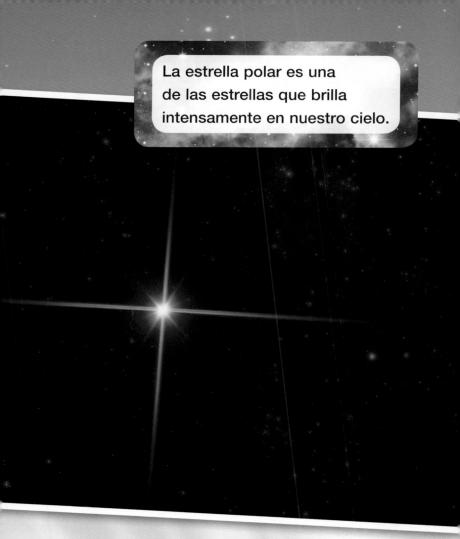

La estrella polar es una de las estrellas que brilla intensamente en nuestro cielo.

El Sol es una estrella como tantas otras en el cielo nocturno. La diferencia es que está mucho más cerca de la Tierra que las otras estrellas.

Los ocho planetas

Mercurio

Venus

Tierra

Marte

Júpiter

Saturno

La Tierra es sólo uno de los **planetas** que se mueve alrededor del Sol. Hay ocho planetas en total. El más cercano al Sol es Mercurio. Después están Venus, la Tierra, Marte, Júpiter, Saturno, Urano y Neptuno.

Nombres de los planetas

Todos los planetas, con excepción de la Tierra, tienen nombres de personajes mitológicos. Por ejemplo, Marte es el dios romano de la guerra y Venus es la diosa romana del amor y la belleza. El nombre de la Tierra viene del latín.

Venus

Marte

Algunos científicos creen que tal vez haya otros planetas, pero no están seguros.

Cada planeta tiene algo especial que lo distingue de los demás. Estos son algunos datos interesantes:

Mercurio

Mercurio parece ser el planeta más rápido, ya que su órbita es muy pequeña.

Venus ha sido apodado el lucero del alba y el lucero vespertino.

Venus es el planeta más brillante en el cielo.

Tierra

La Tierra es el único planeta de
nuestro sistema solar donde se sabe que
hay vida.

Marte

Luna

Tierra

Júpiter

cámara orbitadora de Marte

Esta fotografía de la Tierra, la Luna y Júpiter fue tomada desde Marte.

Marte tiene inviernos muy largos y fríos.

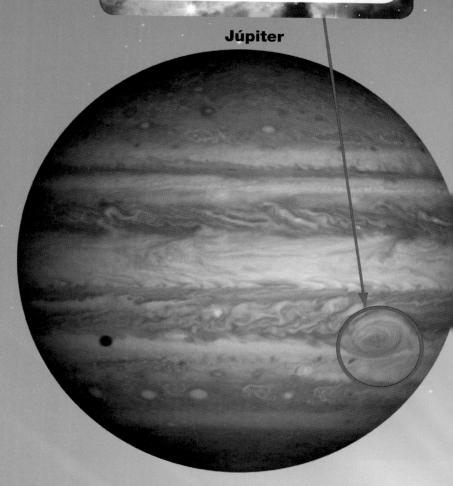

Al alcanzar su mayor tamaño, la gran mancha roja de Júpiter es tan grande como tres planetas Tierra.

Júpiter

Júpiter es el planeta más grande.

Saturno

Anillos de Saturno

Galileo Galilei descubrió los anillos de Saturno en el año 1610. Cada anillo se mueve alrededor del planeta a una velocidad diferente.

Alrededor de Saturno hay anillos de rocas, gases y hielo.

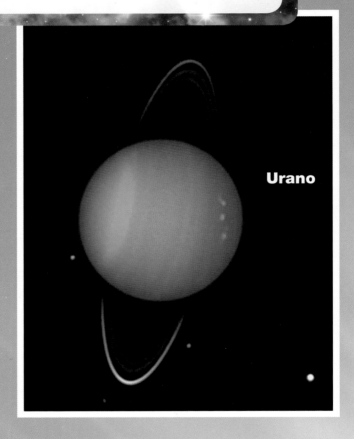

Urano

Durante muchos años, la gente pensaba que Urano era una estrella.

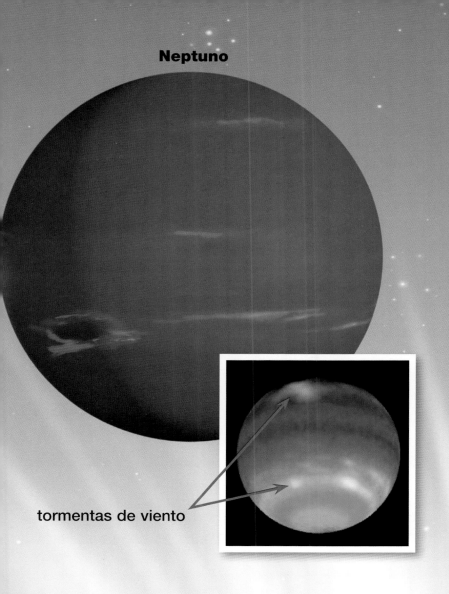

Neptuno

tormentas de viento

Neptuno tiene los vientos más fuertes y rápidos de todos los planetas.

Los planetas son diferentes, pero tienen algunas cosas en común. Por ejemplo, la mayoría de los planetas tienen lunas. En la siguiente tabla se indica cuántas lunas tiene cada planeta.

Nombre del planeta	Número de lunas
Mercurio	0
Venus	0
Tierra	1
Marte	1
Júpiter	16
Saturno	18+
Urano	15
Neptuno	8

Lunas

Las lunas son cuerpos que orbitan los planetas. También se les llaman *satélites*. Se sabe con certeza que Saturno tiene 18 lunas, pero se cree que puede tener muchas más. Otros planetas quizá tengan más lunas. Mientras más viajemos al espacio, más podremos descubrir y saber.

Plutón antes era el noveno planeta en nuestro sistema solar. Era conocido como planeta, pero ahora se llama *planeta enano*. Plutón todavía se mueve alrededor del Sol.

Órbitas y rotaciones

Otra cosa que tienen en común los planetas es la forma en que se mueven. Todos los planetas orbitan el Sol, pero cada órbita es diferente.

Una órbita equivale a un año para ese planeta. Mercurio tiene la órbita más corta. Su año equivale a una cuarta parte del año terrestre. La órbita de Neptuno es la más larga, ya que tiene que recorrer la mayor distancia.

Además, mientras se mueve en órbita, cada planeta gira alrededor de su **eje**. Un giro completo sobre el eje se llama **rotación**. Una rotación es un día. En la Tierra, un día dura 24 horas. Júpiter gira tan rápido que su día dura menos de diez horas.

Rotación de eje

Un eje es una línea imaginaria que pasa por el centro de un planeta. Imagina que tienes una pelota con una vara que pasa por el centro. Si sostienes la vara por las puntas y giras la pelota, hará una rotación tal como lo hace un planeta.

Asteroides

Los planetas no son los únicos que se mueven alrededor del Sol. Los **asteroides** también lo hacen, pero son muy pequeños comparados con los planetas. Si juntaras todos los asteroides que hay en el sistema solar, serían mucho más pequeños que la luna terrestre.

Asteroides

Los asteroides son cuerpos rocosos, parecidos a planetas, que orbitan al Sol. Son mucho más pequeños que los planetas.

La mejor manera de ver un asteroide en el cielo nocturno es cuando cruza la órbita de la Tierra. Parece un rayo de luz y lo llamamos **meteoro**.

La próxima vez que levantes la
mirada al cielo, piensa en todo lo que hay
allí. Ahora sabes que la Tierra es sólo
una parte de este enorme sistema solar.

Glosario

asteroide—un pequeño cuerpo rocoso, similar a un planeta, que orbita el Sol

eje—una línea imaginaria que pasa por el centro del planeta y sobre la cual gira el planeta

meteoro—un asteroide que ha cruzado la órbita de la Tierra y que parece un rayo de luz en el cielo nocturno

órbita—la trayectoria que sigue un planeta al moverse alrededor del Sol

planeta—un cuerpo celeste que orbita el Sol

rotación—el giro de un planeta sobre su eje

sistema solar—un grupo de planetas y otros cuerpos celestes que se mueven alrededor de un sol central

Sol—la estrella grande y brillante en el centro de nuestro sistema solar